JN076189

元祖 ふわふわさん®と チクチクさん

【改訂版】

物語：クロード・スタイナー
訳・解説：小林雅美
絵：奥村かよこ

鳥影社

目　次

お話の前に

あなたは、とても、感受性豊かなのに、……
あなたは、とても、素直なあたたかい心を持っているのに
……

どうして、あなたのあたたかい気持ちを、
相手に伝えることをためらうのでしょう。
どうして？

心の目を閉ざしてしまって……
自分ひとりで考えすぎて……

自分の気持ちを伝えることに自信がなくて……
相手がどう思うか怖くって……

ためらわないで
あなたのあたたかい気持ちを伝えることを……

あなたのあたたかい心は、相手の心もあたたかくし……
あなたのまわりには"ふわふわさん"が満ちあふれます。

「ふわふわさん」のお話は、"人々のあたたかな触れ合い（プラスのストローク）"の大切さを、童話風につづり、あたたかくやさしく語りかけてくれます。

人々のあたたかな触れ合いは、人生を幸せに豊かに過ごすために最も重要であるにもかかわらず、日常つい軽視しがちなことです。

ふと人生に立ち止まった時、心が疲れた時、この物語をゆっくりゆっくり、言葉を味わいながら読みましょう。その度にいろんな気づきを得て、あなた自身の物語として心に響くことでしょう。

そして、あなたの心に、豊かなあたたかい感情が大きく広がっていくでしょう。

小 林 雅 美

Dear Reader

I wrote this little story in California in the late 1960's. Since then it has gone around the world and has been translated into 16 languages. I would like to extend my thanks to Masami Kobayashi for her translation and for her efforts to get the book illustrated and published in the wonderful form that you hold in your hands. Thanks also to Erina Tate for her support of Masami's effort.

I hope that this little book will help open the road to a world filled with Fuzzies given and accepted freely for you and all of us.

Claude Steiner

読者の皆様へ

私はこの本をカリフォルニアで1960年代後半に書き下ろしました。それ以来、この本は世界中に広がり、16カ国で翻訳出版されました。そして今、皆様のお手元にある本をこのような美しいイラストを添えてお届けできたのは、小林雅美さんが翻訳をされ、努力された賜物です。心から感謝しています。また、雅美さんをサポートしてくれた楯エリナさんにも感謝しています。

そして、このお手元の小さな1冊が、あなた、そして我々すべてに、自由に与えたり受け取ったりできる「ふわふわさん」に満ちた世界を作る手助けとなればと願っています。

クロード・スタイナー

Original Warm Fuzzy Tale
by Claude Steiner
Copyright © 1977 by Jalmar Press. Ink.
Originally published in 1977 by Jalmar Press. (ISBN 0-915190-08-7)

Warm Fuzzy Tale

Claude Steiner

「ふわふわさん®とチクチクさん」

飜訳　小林雅美

「ふわふわさん®」は商標権をとっています

昔々、ずーっと、ずーっと、昔のことです。

あるところに、ティムとマギーというとっても幸せな
夫婦が住んでいました。
ふたりには、ジョンとルーシーというかわいい二人の子供
がいました。

彼らがどんなに幸せな日々を送っていたかお話しましょう。

そのころ、赤ちゃんが生まれると、神様から、小さな柔らかいふわふわしたバッグをプレゼントされました。

バッグの中には、あたたかなふわふわしたものが、いっぱい詰まっていて、ほしい時には、いつでも、それを取り出すことができました。

このあたたかいふわふわしたものをもらうと、あたり一面にほのぼのとしたあたたかな空気が満ちるので、人々は"ふわふわさん"と呼んで、大好きでした。

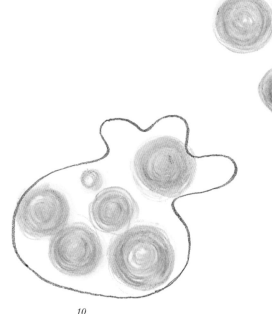

この"ふわふわさん"は生きていくうえでとても大切なもの
で、もらえないと、こわい病気になったり、死ぬことさえ
ありました。

でもその頃は、ふわふわさんを手に入れることはとても簡
単でした。

なぜなら、"ふわふわさん"は村中に満ちあふれていたから
です。

もし、"ふわふわさん"がほしくなったら、いつでも、誰か
のところに行って「"ふわふわさん"がほしい」と言えばよ
かったのです。

"ふわふわさん"は、お日様に当たったとたん、ニッコリほほえみ、やわらかい長い毛をいっぱいに膨らませ、大きくあたたかく成長します。
誰もが自由に"ふわふわさん"のやり取りをしていたので、村にはあたたかい雰囲気が満ちあふれていました。

人々は、幸せいっぱいでした。

ところが……

病気をいやす薬を売っている悪い魔女にとっては、非常に
腹立たしいことでした。なぜなら、人々が幸せだと、心や
体の病気にならないので、薬を買いに来る人が誰もいない
からです。

この魔女は、悪知恵が働いた
ので、とても意地の悪いこと
を考えつきました。
………………………

ある素晴らしく天気の良い日のことです。

魔女は、マギーが娘たちと遊んでいるすきに、ティムのところににじり寄ってきてささやきました。
「見てごらん、ティム。マギーが子供たちにいっぱい"ふわふわさん"を与えているだろ。このままだと、全部使い切ってしまって、お前のために何も残らないよ」

ティムは驚いて、魔女のほうを振り向いて言いました。
「"ふわふわさん"は、いくら使ってもなくならないし、いつでも取り出せるわけじゃないのかい？」

「そんなことあるわけないさ。一度なくなってしまうと、それっきり！　もう二度と手に入らないよ」

こう言い残すと、魔女は、カッカッカッと高笑いしながら
飛び去っていきました。

ティムはふと我に帰りました。そして、いつも、マギーが
誰にでも自由に"ふわふわさん"を与えていることに気づき
ました。

彼は、マギーの持っている"ふわふわさん"がとっても好き
だったので、日増しに、「"ふわふわさん"がなくなったら
どうしよう」と心配するようになりました。

そこで、ティムは、マギーが " ふわふわさん " を惜しげもなく与えているのを見るたびに「そんなに使ったらなくなってしまうよ」と文句を言うようになりました。

マギーはティムをとっても愛していました。そこで、言われるとおりに、"ふわふわさん" を誰にでも自由に与えるのをやめて、ティムのために取っておくことにしました。

ジョンとルーシーもこれを見て、"ふわふわさん" をほしいと言われても「自由にあげるのは間違っている」と思い、出しおしみをするようになりました。

20

次第に村の人たちも心配になってきました。

バッグに手を突っ込んで、" ふわふわさん " が入っていても、だんだん減ってきているのではないかと思い、" ふわふわさん " を出し惜しみするようになりました。

月日が過ぎました。

"ふわふわさん"のやり取りが本当に少なくなって、村中に満ちあふれていたほのぼのとしたあたたかさがなくなってきました。

村では、"ふわふわさん"が手に入らないので病気になって、死ぬ人も出てきました。

そこで、病気を治すために、人々は魔女のところに行き、効きめを疑いながらも、飲み薬や塗り薬を買いもとめました。

最初、魔女は薬が売れるので喜びました。

しかし、村の様子はますます深刻になってきました。

魔女にとっても、人々が死んでしまっては、薬を買ってくれる人がいなくなります。また、薬が効かないことが分かってしまいます。

そこで、ふたたび悪知恵を働かせました。

魔女は人々に、ふわふわバッグにとても似ているバッグをプレゼントしました。違っているのは、ふわふわバッグはあたたかでしたが、こちらは冷たくて、中には冷たいチクチクしたものが入っていました。

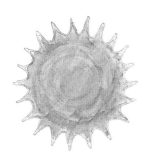

この " チクチクさん " をもらうと、冷たくて、チクチク刺す
ようないやな感じがします。
しかし、" チクチクさん " でももらうと、背骨が縮むこわい
病気になることだけは免れたのです。

そこで、人々は「"ふわふわさん"がほしい」と言われても、
"ふわふわさん"がなくなっては困るので、かわりに"チク
チクさん"を与えるようになりました。

確かに死にそうな人は減りました。

しかし、村中にとても冷たいチクチク刺すようないやな空気が満ちてきました。

人々の生活はますます混乱してきました。

以前は、空気のように自由に手に入っていた "ふわふわさん" は、今では非常に高価なものとなったのです。

人々は "ふわふわさん" を手に入れるためにはどんなことでもしました。

魔女がやってくる前は、人々は 3 人、4 人、5 人と集まって語り合い、誰が誰に "ふわふわさん" をあげたということなど気にすることはありませんでした。

しかし、魔女が来てからは、人々は二人ずつ組んで、お互いのためだけに"ふわふわさん"を蓄えるようになりました。

うっかりと"ふわふわさん"を他の人に与えてしまった時は、自分のパートナーに知られたらどうしようとドキドキしました。

また、パートナーを見つけることができなかった人は、高価な"ふわふわさん"を買わなければならないので、必死にお金を稼ぎました。

そこで……

自由にいくらでも手に入る"チクチクさん"を白い綿毛でおおった偽者の"ふわふわさん"を造って売る人が出てきました。

偽者の"ふわふわさん"はプラスチックでできた硬いものでした。

ますます生活は混乱してきました。

人々はふわふわさんをもらったと思っているのに、あたたかなふわふわした感じが得られず、冷たいチクチクした感じを受けるので「どうして？」と頭が混乱してしまいました。この冷たいチクチクした感じは偽者の"ふわふわさん"をもらったためだということが理解できなかったのです。

さて、この混乱のすべては、あの一人の魔女がやってきて、
人々に「"ふわふわさん"は、使いすぎるとなくなってしま
うよ」と信じこませたことから始まったのです。

そんなある日のことです。

ふくよかなあたたかい微笑をたたえた愛らしい女の人が、
この村にやってきました。
このふくよかな女性は、何も恐れず、人々に自由に"ふわ
ふわさん"を与えました。
彼女は子供たちに「ふわふわさんはなくなることはないか
ら、心配しなくていいよ」と教えたのです。

それを見て、大人たちはあわてました。
彼女に「"ふわふわさん"がなくなったらどうするんだ」と
注意しました。

しかし、子供たちは、このふくよかな女性のまわりにいると、ぽかぽかあたたかで、とっても気持ちがいいので、彼女が大好きになりました。

子供たちもまた、彼女を見習って、おたがいに「いいなあ」と思った時や「欲しいな」と言われた時はいつでも、"ふわふわさん"を自由に与え合うようになりました。

それを見た大人たちは、子供たちの "ふわふわさん" がなくなり、病気になってしまうのではないかと恐れました。

そこで、『許可なしに "ふわふわさん" をあたえることを禁じる』という法律を作りました。

しかし、子供たちは、法律などまったく気にしないで、自由にのびのび "ふわふわさん" のやり取りを続けました。

"ふわふわさん"を自由にやり取りする子供たちの数は、日増しに増えていきました。

ところが子供たちの"ふわふわさん"はまったくなくならないのです。それを見て大人たちは、魔女が言っていることに疑問を持つようになりました。

さて、……
今となっては、"ふわふわさん"を自由にやり取りする子供たちの行動を、法律や命令で止めることができるでしょうか。

それとも……

人々は、まわりにいっぱいあたたかい"ふわふわさん"が満ちあふれて、とても幸せだった頃のことを思い出し、ふたたび、"ふわふわさん"を自由にやり取りするようになるでしょうか。

この魔女とふくよかな女性の争いは村中に広がり、
そして……
多分あなたが住んでいるところにも広がっていくでしょう。

さて、この悪い魔女は、あなたの心の中に住んでいるのかもしれません。

＊＊＊

"ふわふわさん"は、いくら使っても、なくなってしまうことは決してありません。

もし、あなたが"ふわふわさん"を誰かにあげたいと思ったり、ほしいと思ったら、この村の子供たちのように自由に与えたり、自由に求めたり、自由に受け取ってください。

そうすれば、あなたの周りには、あたたかな"ふわふわさん"が満ちあふれます。

あなたは、自由でのびのびした子供たちのような素直な心で、"ふわふわさん"を自由にやり取りすることによって、誰にでも愛され、心も体も健康に楽しく過ごせるでしょう。

終わり

Dear Reader:

Thank you for getting engaged in the "Warm Fuzzy tale." You may now want to read the excellent explanations written by Masami Kobayashi about the meaning of this little tale especially the idea of the stroke economy which is the modern psychological version of the fairy tale. I hope that this will open the road to Emotional Literacy and a world of positive feelings and love for you and all of us.

Claude Steiner

Berkeley California

読者の皆様へ

「ふわふわさん」の童話を読んでくれてありがとう。

このあと、この童話に込められた深い意味を、小林雅美さんのすばらしい解説を通してお楽しみいただけたら幸いです。特に「ストロークエコノミー」の概念は、この物語を最新の心理学の視点から捉えたものです。このような視点が、あなたや我々すべてに"感情のリテラシー"を促し、肯定的な感情や愛情に満ちた世界につながることを望んでいます。

クロード・スタイナー

カリフォルニア州バークレーにて

解 説

小林 雅美

≪21世紀は心の時代≫

20世紀後半は、科学の急速な進歩に伴い、物質的には物が有り余る程豊かになった半面、豊かさを失ってきたものがあります。

それは"人々の心の豊かさ"です。

20世紀の終わりになって、バブルの崩壊とともに、人々の心の豊かさの欠乏が、あらゆるストレスとなって吹き出てきました。企業においては、バブル時代に肥大化しすぎた大企業の倒産やハイテク化により余った人員のリストラ、家庭においては、主導権を失った親が素直に自分を語れない子供に振り回される家庭崩壊、その延長とも言える学校崩壊、熟年離婚、人との付き合いによるノイローゼ、地球規模のいろんな出来事などにより、ストレスの溜まることが世間に満ちあふれ、人々は心の余裕を失ってきています。

人々は心の余裕を失うと、ほんの些細な出来事に対しても、過敏に反応して、強くストレスを感じます。その反対に、心に余裕を持っていると、物事に柔軟に対応でき、少々のことではストレスを感じることはありません。

そこで、"ストレス耐性"が強い心を持つために大切なことが、周囲の人々との"あたたかい触れ合い"です。日ごろから、周りの人とのあたたかい触れ合いを通じて良い人間関係を構築していると、事実を事実として受け入れることができ、感情に振り回されることもありません。

　新しくスタートを切った21世紀は、人の心に焦点を当てた取り組みが最重要課題であり、「心の時代」と言われています。

　この物語は、1977年に初版が出版されて50年が経ちました。しかし、今でも新鮮に感じるのは、人間関係で悩み改善したいと望むのは、人間である限り永遠のテーマだからです。

　"人生100年"になるのも時間の問題でしょう。長い人生を、暖かい人間関係に囲まれて、豊かに生きるためにも、人間関係のあり方を見直してみましょう。

　この物語を繰り返し読むことで、あなた自身の"大切なもの"を感じ取っていただければ幸いです。

小　林　雅　美

≪お話の後に≫

１）あなたの存在は素晴らしいもの

　ある雑誌に「あなたはたった１人の素晴らしい存在です」と書いたところ、読者の方から「これを読んで涙が出た」というコメントをいただきました。私たちは、ふとした時に自分の存在に自信をなくす時があります。そんな時、あたたかい何気ない一言で心が軽くなることがあります。ところが、私たち人間は、成長するにつれ、あたたかい思いやりの心――“ふわふわさん”――を持っていることを忘れてしまい、人と競うことばかりに必死になったり、自分に自信が持てず落ち込んだり……。

　でも、私たちは、一人の人間として、素晴らしい“ふわふわさん”を無制限に持っているのです。お互いに自信と余裕を持って、あたたかい心で相手を尊重し認め合いましょう。

　キリスト教の性善説では、「人間は生まれた時は誰でも純粋で、あたたかくやさしい心を持っている」と、私たち人間の存在を肯定的に認めています。スタイナー博士は、このことを、『赤ちゃんが生まれると、神様から、小さな柔らかいふわふわしたバッグをプレゼントされました』と表現しています。私たちはだれでも、“ふわふわさん”をたくさん内面に秘めている素晴らしい存在だということに誇りを持ちましょう。

2）ストローク

　対人関係の基本となる"相手の存在を認めてする働きかけ"を、"ストローク"（【＊注】交流分析理論）と言います。言葉がけや態度によって相手の存在を認めておこなうすべての人との関わりを意味します。具体的には、人の話に耳を傾けたり、話し掛けたり、握手をしたり、微笑みかけたり、叱ったり、プレゼントをしたり、手をつないだりなど、相手に対しての働きかけのすべてです。広い意味では、相手とは動物や花なども対象に含むことがありますが、今回は対人関係の改善という面から対象を"人間"に限ってお話します。

　私たちは誰でも、「自分がこの世に存在している価値がある」と確信したいと願っています。仕事を頑張ったり、運動をして良い記録を出したり、友と会って話をしたり、目標に向かって頑張るなど全ての行動は、「自分はこの世に存在する意味があるんだ」と自分の存在を肯定的に確認したいための行為です。
　そのため、他者から、自分の存在を肯定的に認めてもらうととても嬉しいのです。言い換えると『人はストロークを得るために生きている』と言えます。
　その反対に、無視されたり、挨拶しても言葉が返ってこなかったり、メールの返事が戻ってこないなどストロークをもらえな

いと「どうしたのかな?」といつまでも不安な心の状態が続き、心がざわつくのです。

　あなたは相手がストロークを求めている時に気づかず、相手をストローク飢餓にしていることはないでしょうか?　また、わざと無視していることはないでしょうか?　自分の存在を確信するために生きている人間にとって、相手の存在を認めない無視は、最も心を傷つける行為です。

　言い換えれば、良い人間関係を構築したいと思えば、相手の存在を肯定的に認めて、それを言葉や態度で伝えてあげればいいのです。人間という文字は、『人の間』と書きます。つまり、私たちは「人と人の間」に存在して初めて生きる喜びを感じます。H・Sサリバン博士が、「精神の病は、対人関係の病である」として精神医学界に新風を巻き起こして以来、人間の心の健康にとって、あたたかい対人関係を育てることが非常に重要であるということが、世の中の注目を浴びてきました。

　さらに、人間は人とのかかわりが極端に不足すると、精神的にも肉体的にも病み、最悪の場合、死に至ることは医学的にも証明されています。このことに関して、記録映画に残っているスーザンという幼い女の子の有名なお話があります。あたたかいストロークを得られないことが精神的・肉体的成長に悪影響を及ぼし、母性的愛情欠乏症候群となり死に至ったという恐ろ

しい事例です。

　また、新聞でしばしば見かける子供たちの記事としては、無視され続けストローク不足に陥り、自分の存在に自信が持てなくなって自殺したことなどがあります。

　対人関係を見直す上で最も大切な概念である"ストローク"を学び、あたたかい人間関係を築く方法を身につけましょう。

　セカンドチャンス"スーザンの記録"

　スーザンという女の子が、某ホスピタルに連れてこられた時は、１歳10カ月でした。体重は6.75kgで生後５カ月児、身長は71cmで10カ月児ほどしかなく、ハイハイも、つかまり立ちも、カタコトをしゃべることさえもできませんでしたが、医学的には何の異常もありませんでした。また、人に抱かれたり、さわられたりすることに拒絶反応を示しました。

　ところが、25歳と26歳の普通以上の教育を受けた若い両親は、入院後３週間たっても見舞いに来ませんでした。そこで、ソーシャルワーカーが両親に面会したところ、両親はスーザンが嫌いで邪魔者扱いにし、ほとんど世話をしていなかったことが分かりました。スーザンの病名は「母性的愛情欠乏症候群」と名付けられました。つまり、発育不全の原因は母親のストローク不足にあると診断されたのです。

　そこで医師たちは、スーザンの母親代わりとなるボラン

ティアを募り、1日6時間、週に5日、スーザンにあたたかい、身体的、精神的ストロークをできるだけ長く与え続けました。その結果、わずか3カ月の間に、体重は2.7kg、身長は約5cm増えました。これは同年齢の赤ん坊の成長スピードの4倍になります。運動機能も情緒面も驚くほど発達しました。ストロークは、精神に影響を与えるだけではなく、身体的成長にもこれほど影響を与えるのです。

3）プラスのストロークの大切さ

　ストロークの中で、相手が心地良く感じる言葉や態度による働きかけを「プラスのストローク」と言います。

　この物語の主題で"ふわふわさん"と擬人化して表現しているプラスのストロークは、良い人間関係構築の上で、欠くことのできないあたたかい関わり方を意味します。

　受け手にほのぼのとしたあたたかさを与える"ふわふわさん"によって、人々の心は潤いを増し、心の健康を保つことができます。物語の中では、『"ふわふわさん"が手に入らないので病気になって死ぬ人も出てきました』（p.22）と書いていますが、ストロークは、生命に影響を与えるほど、大切なものであることは事実です。

　スタイナー博士は、「食べ物が得られないと肉体的に死んでしまうように、ストロークが得られないと精神的に死んでしま

う」と言っています。

　反対に、与える立場から言うと、人にプラスのストロークを
与えることは、良い人間関係構築の第一歩であると言えます。
周りの人達と、やさしい、あたたかい言葉、態度で触れ合うこ
とにより、お互いの間にあたたかい空気が流れ、信頼感が生ま
れます。

　ところで、ストロークのプラスとマイナスは誰が決めるので
しょう。例えば、あなたは相手がほめてくれているのに、何か
素直に喜べず不快に思ったことはありませんか。たとえ、相手
にプラスのストロークを与えたつもりでも、受け手が不快に感
じた場合は、受け手にとってマイナスのストロークになります。
つまり、ストロークのプラス・マイナスは受けた人が決めるの
です。
　相手にプラスのストロークを与えようと思ったら、口先だけ
ではなく相手の顔を見て心から相手にあたたかくかかわるよう
にしましょう。もし相手の顔が少し曇ったら、あなたが与えた
ストロークはプラスに伝わらなかったのかもしれません。相手
の顔を見て話すことは相手の心の動きを知るためにとても大切
なことです。

　但し、あなたがプラスのストロークを与えていると自信を
持って言動した場合は、たとえ相手がマイナスに取ったとして

もそれは自分の責任ではありません。相手の心の持ち方の問題です。

4）プラスのストロークの出し惜しみ

　人間は、自分の存在を肯定的に認めてもらうと、大変心地よく感じます。また、言葉や表情・態度で、相手が心地よく感じる"ふわふわさん"をいくら与えてもなくなってしまわないことは、冷静に考えるとすぐわかることです。

　しかし、ストロークを与える側に回ると、自分の考えの枠組みからの判断により、「わざわざ言わなくても、夫婦（親友、子供）だから、わかってくれるよ」「そんな事を言ったら、お世辞を言っているように思われる」「余り褒め過ぎると子供（部下）は増長する」などと考えたり、また、嫉妬心などにより、プラスのストロークを与える機会を制限することがあります。

　人々がプラスのストロークを出し惜しみする理由を、この物語では、『使ってしまうとなくなる』と言う魔女の言葉に従っている」（p.19）と表現しています。この悪い魔女とは、人の心の中に住んでいて、判断を惑わせる魔女のことを言っているのでしょう。

　自分がプラスのストローク"ふわふわさん"をもらった時の

心のあたたまりを思い出しましょう。嬉しいですね。相手に良い感情が湧いてくるでしょう。だったら、あなたも、周りの人に沢山"ふわふわさん"を与えてください。きっと、周りの人は心があたたまり、あなたのことが大好きになるでしょう。

5）マイナスでもほしいストローク

　ところが、たとえ相手の存在を認めていても、相手が不快に感じる働きかけもあります。この不快な否定的な存在認知を、"マイナスのストローク"と言い、この物語では、"チクチクさん"と表現しています。怒鳴ったり、叩いたり、にらみつけるなど、言葉や態度により相手の心や体を傷つけ、相手が不快に感じる働きかけです。あなたが無意識に与えている"マイナスのストローク"によって相手を傷つけていることがあるかもしれません。時々、自分自身の相手への関わり方をふりかえってみましょう。

　私たちは、自分の存在を絶えず肯定的に確認し続けたいと思っても、なかなかプラスのストロークを得ることができず、ストローク飢餓におちいる時があります。すると、私たちは、マイナスでもいいから自分の存在を認めてほしいと、無意識に思うようになります。否定的でも存在を認めてもらうほうが、存在を認めてもらえない無視よりまだ救われます。なぜなら、

存在認知の働きかけであるストロークが極端に不足すると、人間は、精神的にも肉体的にも病み、最悪の場合、死に至ることは医学的にも証明されているからです。

　例えば、子供がお母さんに甘えてすがっても、お母さんに優しく応じてもらえないと、いたずらをして叱られることによってお母さんの注目を得ようとします。また、若者たちの中には、暴走族に走ったり、人々から非難されるような行動を繰り返し行う人がいます。この若者たちは、過程からも学校の先生からも自分の存在をあたたかく迎えられず、その反動として、社会からマイナスのストロークを得る行為を取ることによって、自分の存在を確認しているのです。

　人間は誰でも不快なマイナスのストロークの"チクチクさん"をもらうより、心地よいプラスのストロークの"ふわふわさん"を欲しています。お互いに自由にたくさんの"ふわふわさん"を与え合うことにより、お互いの心が豊かになり、良い人間関係の輪がどんどん広がります。

6）買ってでも得たいプラスのストローク

　近年益々、心の中に住む魔女の言葉にコントロールされた人々が、プラスのストロークを出し惜しみする結果、あたたかなふれ合いが減少しているように感じます。その結果、お年寄

りが自分の世話をしてもらうために高額な老人ホームに入ったり、相手の関心を得るために高いプレゼントを贈ったりして、金銭と引き換えに"ふわふわさん"を手に入れようとします。また、自分の気持を押し殺して必死に相手に従うことによって"ふわふわさん"を手に入れようとする人もいます。

しかし、このようにして手に入れた"ふわふわさん"は本物の"ふわふわさん"でしょうか。中には、心にもないお世辞を言ったり、お世話をしたり、"偽者のふわふわさん"を与えることによって、身寄りのない人や困っている人からお金を稼ぐ人も出て来ます。本文では、『"チクチクさん"を白い綿毛でおおった偽者の"ふわふわさん"を造って売る人が出てきました』(p.30)と表現しています。
"ふわふわさん"はいくら使ってもなくならず、お金で売買する物ではないのです。"ふわふわさん"を出し押しみしないで、皆で世の中にあたたかい心の輪を広げましょう。

7）閉鎖的な仲間作り

誰にでも自由にプラスのストロークを与えず、特定の人とだけ仲良くし、仲間以外は排除しようとする人がいます。本文に、『二人ずつ組んで、お互いのためだけに"ふわふわさん"を蓄えるようになりました』(p.29)とあります。仲間以外の人と

仲良くしようとすると、いじめにあったり、除け者にされたりするのです。例えば、遊び仲間の一人がグループ以外の人と仲良くしたという理由でリンチされたという事件が新聞に載っていました。これも、魔女の言葉である『"ふわふわさん"を使うとなくなってしまう』という考えにコントロールされているのです。"ふわふわさん"はいくら使ってもなくなりません。閉鎖的な仲間意識を持たず誰とでもあたたかく交わりましょう。

8）理性に優先する感情

『バッグに手を突っ込んで、"ふわふわさん"が入っていても、だんだん減ってきているのではないかと思い』(p.21) とは、プラスのストロークを与えるほうが良いと理性で理解していても、何故か感情が邪魔してしまうことを表現しています。人間は"感情の動物"と言われるように、私たちはこの世に生まれ出てきた時、すでに、泣いたり笑ったりするように豊かな感情が備わっており、理性より優先しています。

この物語を読んで、気づいてください。今のあなたの理性は立派に成長しています。"ふわふわさん"がなくなってしまうと不安になる必要はありません。

9) 心豊かな人

　世間には、本文に出てくる"ふくよかな女性"のように惜しみなくプラスのストロークを与える心やさしい人がいます。しかし、人々の中には、自分が自由に伸び伸びとストロークのやり取りができないために、"ふくよかな女性"のような人を「八方美人」とか「お人よし」などと呼んで、プラスのストロークを自由に与えることを非難する人もいます。しかし、子供たちは素直に相手の感情を受け入れることができるので、心やさしい人をそのまま受け入れることができます。

　この物語を読んで、良い人間関係に囲まれて豊かな人生を送るには、子供のように素直なストロークのやり取りが大切であることをあらためて認識してください。

クロード・スタイナー博士の
ストローク・エコノミーの法則

　いくら使ってもなくならない "ふわふわさん" を、人々はどうして自由にやり取りできないのでしょうか。クロード・スタイナー博士は、ストローク・エコノミーの論文で次のように述べています。

『私たちは皆、子供時代にストロークについての5つの制約的な規則を親から教え込まれている。これらは、親が子供に与えるストロークの量を制限することによって、親が与えるストロークの価値を高めることに狙いがある。すなわち、子供たちは、生物学的、精神的に欠くことのできないストロークの重要性を本能的に認識しているので、一番身近にいる親の要求するように振舞うことによって、大切なプラスのストロークを得ようとするのである。しかし、私たちは、大人になっても、自由なストロークのやり取りの大切さに気づかずに、5つの法則に従って生活し、結果として、部分的にストロークの欠乏状態で過ごす。そして、ストローク独占者の役割を取るもの、たとえば、政府、企業、広告、芸能人、セラピストなどによって、私たちは意のままに操縦され、圧迫されることがある。そこで、私たちは自律性を取り戻す為に、ストロークのやり取りに関して、親が、我々が子供の頃に課した制限を拒否する必要がある。

ストロークはいつでも際限なく自由に得られるということに気づくことが大切である』

　クロード・スタイナー博士は、この五つの法則に従わず、もっとのびのび豊かな生活をする為に、プラスのストローク"ふわふわさん"を自由にやり取りすることを勧めています。親が子育てにおいて"忍耐""我慢""謙虚さ"などを幼い子供に教えるためには、5つの法則に従わせることは必要なことかもしれません。しかし、立派に成長し自律的に行動できる大人となってからは、物事を正しく判断できない未熟な幼児期に親の愛情を得たいために決断した"ストロークの不自由なやり取りの法則"に従ったままでいる必要はありません。

　豊かなあたたかい人間関係を築く上で障害であるにもかかわらず、無意識のうちに従ってしまうこの5つの法則を打破し、自分の意志によって自由にストロークのやり取りを行ない、あたたかい触れ合いの輪を広げましょう。

ストローク・エコノミーの打破

　クロード・スタイナー博士が提唱しているストロークのやり取りを不自由にしている5つの法則の打破を試みましょう。

⑴『与えるストロークを持っていても、人に与えてはならない』という法則に従い、プラスのストロークを出し惜しみすることを打破しよう

　　　子供が、お手伝いをしてくれたら、うれしいですね。それなのに、「有難う」を言いそびれていることはありませんか?

　　　夕食に大好物のおかずが出ておいしいと思っているのに、黙々と食べていることはありませんか?

　　　部下が良い仕事をしても、何もフィードバックをしなかったことはありませんか?

　自分が感じているあたたかい気持ちを相手に伝えることを、どうしてためらうのでしょうか。その理由を伺うと、次のような言葉が返ってきます。

「子供は、褒め過ぎると増長するから」
「言わなくても相手はわかっているから」
「仕事だから当然！　と思って」

　でも、立場を入れ替わって、自分が受け手になった時のことを考えてみてください。「有難う」「おいしいなあ」「頑張ったね」などと言われたら、どんなに嬉しいでしょう。
　あなたが、"ふわふわさん"をたくさん周りの人たちに与えることによって、あなたの周りには、あたたかい空気が満ちあふれます。心の中に住んでいる悪魔のいたずらによって、"ふわふわさん"を出し惜しみしなければいけない理由は何もないのです。"ふわふわさん"はいくら使っても、決してなくなりません。

　もし、あなたが、周りの人々に与えることができる良いストロークを持っていたら、出し惜しみをしないで、大いに与えてあげましょう。

⑵『自分がほしいストロークがあっても、要求してはならない』という法則に従い、プラスのストロークをほしいと言うことができないことを打破しよう

　　何か賞を頂いて、嬉しくてたまらないのに、人に話したら自慢していると思われないかと、その気持ちを押えて

いることはありませんか？

育児にすごく疲れていて、少し、夫や友達の助けを借りたいと思っても「ちょっと手伝って」と言い出せず、一人イライラしていることはありませんか？

自分が出した提案書類に対して、上司の反応が全くなく、「だめなのだろうか」などと気をもみ、このことが頭から離れず、ずっと暗い気分でいるようなことはありませんか。

　人は自分の感情を言葉に出して、上手に表現することなく、「何故わかってくれないの」「人の気持ちもわからずに」などと相手の所為にすることが多々あります。
　少し焦点を自分に当ててみましょう。相手がわかってくれないと思う前に、まず、自分が、上手に相手に素直な気持ちを伝えることが大切です。相手の人は、ただ気がついていないだけかも知れません。素直な気持ちを伝えることによって、相手は"ふわふわさん"を、惜しげもなく与えてくれるかもしれません。そうなれば、お互いの間にはあたたかい空気が流れるのです。

　さて、ここで大切なことは、"上手に"ということです。

「どうして気づかないの！」
「ちょっと、手伝ってくれたっていいじゃない！」
「課長！あの提案の返事をいつくれるのですか！」
　これでは、お互いに不快になるばかりですね。このような小さな不快なやり取りの積み重ねによって人間関係が悪化します。

　次のように、上手に気持ちを伝えることができたらどうでしょうか。

「(明るい声で) すごく嬉しいことがあったんだけど聞いてくれる？」
「(明るい声で) 〜してくれたら、すごーくうれしいなあ」
「(明るい声で) お忙しいところ、申し訳ございませんが、先日の提案書をご覧いただいたでしょうか？」

　もし、あなたが、ほしいストロークがあったら、上手に明るく相手に要求してみましょう。この会話の後は、きっと明るい前向きなやり取りが続くことでしょう。

⑶『ほしいストロークが来ても、受け取ってはならない』という法則に従い、プラスのストロークの受け取り下手を打破しよう

　「お子さん立派になられましたねえ」と言われて、「いいえ、毎日ぐうたら何をしているやら……」などと、嬉しいことなのに、反対のことを言っていませんか？

　「素敵なお洋服ねえ」とお友達が褒めてくれているのに、「年に似合わず派手なのが好きで」なんて、照れ隠しに言っていませんか。

　「君のプレゼンはなかなかのもんだねえ！」と上司に褒められても何か素直に喜べず、話をはぐらかしていませんか？

　どうして、嬉しいストロークをもらったのに、受け取りを拒否するのでしょうか？　その理由を伺うと、次のような言葉が返ってきます。

「お世辞を言われただけ」
「からかわれている気がして」
「人は謙虚でなくてはいけない」

　せっかく嬉しいことを言われたのですから、「有難う」「嬉し

いです」と言って、明るく素直に"ふわふわさん"を受け取ってみましょう。すると、良いストロークを与えてくれた相手の人も、「言って良かった」と共に喜んでくれるでしょう。

　ただし、相手のストロークが、"ふわふわさんの衣を着たチクチクさん"、すなわち、お世辞や皮肉でないことを確認してください。お世辞や皮肉の時は、言葉と表情・態度に不一致があります。

⑷『欲しくないストロークが来ても、拒んではならない』という法則に従い、マイナスのストロークを拒否することができないことを打破しよう

　　　日ごろ気にしていることを、同僚から言われ、「そう？」と笑って答えたものの、後で、ショックで食事も喉を通らなかったことはありませんか。

　　　体調が悪くて早く帰りたいと思っているとき、「飲みに行こう」と上司に誘われ、断りきれず、いやいや付き合ったことはありませんか。

　　　自分では思っていなかったのに、家族から話しかたが下手などと言われ、それ以降、人前で話すことに自信がなくなり、会議などで発言できなくなったようなことはありませんか。

どうして自分が不快に感じることを、そのまま受け取ってしまい、落ち込んだり、イライラしているのでしょうか。その理由を伺うと、次のような言葉が返ってきます。

「気が小さいと思われたくない」
「弱音を吐きたくない」
「親の言うことに逆らえない」

　相手が言った言葉が、とても不快に重く心に残ることがあります。そのままにしておくと、二人の関係に溝ができてしまいます。素直なあなたの気持ちを、上手に相手の人に伝えてください。そして、伝え終わったら、いつまでも不快に思っていないですっきり忘れましょう。

　相手の人は、何気なく深い意味も持たずに言っているだけかも知れません。また、そんなにあなたを傷つけていることに気づいていないかもしれません。あなたの不快な気持ちを上手く伝えると、相手の人は「そんなつもりじゃなかったのに」とびっくりするかもしれませんよ。

　どうしても、心にわだかまりが残るような不快なストロークを受け取ってしまって心に残る時は、まず、どのように相手に自分の不快な気持ちを伝えたら良いか練習をしてから、上手に素直な気持ちを伝えましょう。ここでも、"上手に"がキーワー

ドです。

⑸『自分自身に与えたくてもストロークを与えてはいけない』
という法則に従い、自分に厳しくなっていることを打破しよう

　　　仕事と家事の両立でフル回転しているにもかかわらず、
　　　家事を溜め込んでいる自分に嫌気がさしたことはありま
　　　せんか。

　　　買い物に出かけたところ、体調が悪かったのでカフェで
　　　休憩したいと思っても、「主婦が１人でカフェに入るな
　　　んて」と我慢して、疲れ果てたことはありませんか。

　自分が頑張っても当然のことと思っていませんか。「自慢す
るな」「うぬぼれるな」「我慢しろ」などと謙虚に応じることを、
社会も親たちも求めています。しかし、自分が自分自身の素晴
らしさを認めないで、どうして他人が認めるでしょうか。

　あなたは、とっても素晴らしい存在なのです。頑張っている
あなたに、自ら声援を送ってあげてください。

　いかがですか。
　豊かな温かい人間関係を築く上で障害となる五つの法則を打
破できましたか。

≪交流分析理論とは≫

1957年にアメリカの精神分析医エリック・バーンによって始められた心理療法の体系です。日本では1970年代に九州大学心療内科を中心に広がりました。

交流分析は Transactional Analysis (TA) の日本語訳で、パーソナリティ理論であり、個人が成長し変化するためのシステマティックな心理療法です。コミュニケーション理論や児童発達理論などにも関係が深く、コミュニケーション能力、人間関係調整能力を理論的裏づけを持って身につけることができる自己理解に最適な心理学です。今では、産業、教育、福祉関係などで、対人関係改善のために広く活用されています。

交流分析の目的は、気づき・自発性・親密の3つの能力を自由に発揮して、自律性を目指すことにあります。基本的な考えは、『過去と他人は変えることはできない。変えることができるのは、"今ここ"での自分である』です。

私は交流分析を通してあたたかい社会作りに貢献する為に、良い人間関係構築の為の草の根運動を展開しています。

交流分析をに関心を持たれた人は、下記HPをごらん下さい。

https://ta-fuwafuwasan.com/

≪最後に≫

　人々が、豊かに幸せな生活を送るとはどういうことでしょうか。財産、地位、家柄、学歴、健康などは、どれが欠けていても豊かに過ごしている人はたくさんいます。しかし、私たちが、人生を豊かに幸せに送る上で欠かすことのできない大切なことがひとつあります。それは、良い人間関係の中で生きることです。

　私たち人間は、「人と人の間」に存在して初めて生きる喜びを味わえるのです。しかし、人々の多くは、受験勉強や仕事に追われ、人間本来の存在意義“人と人の間に豊かに生きること”を忘れてしまっているのが現状ではないでしょうか。

　対人関係論の提唱者である精神科医のH・Sサリバン博士が、約100年前に精神の病は「相手がわからない」「自分がわからない」「相手にわかってもらえない」「相手とうまくいかない」という「対人関係の病」であるとして精神医学界に新風を巻き起こして以来、人間の健康における対人関係の重要さは、十分注目されてきました。

　このお話は、私たちが、心身ともに健康に生活を送るために重要な対人関係のあり方を、分かりやすく伝えてくれています。『過去と他人は変えることができない。変えることができるのは、今ここでの自分である。』とは、交流分析を創始した心理学者のエリック・バーン博士の言葉です。

もし、"ふわふわさん"のやり取りを不自由にしている自分に気づいたら、自由にのびのび"ふわふわさん"のやり取りができる自分に、今この時から変わりましょう。

　この本は2000年に扶桑社から出版した『ふわふわさんとチクチクさん』（絶版）の改訂版です。今回の出版にあたり、あたたかいご理解とご支援を下さったクロード・スタイナー博士、多くのアドバイスを下さった扶桑社の冨田健太郎氏、鳥影社の百瀬精一氏に心よりお礼申し上げます。本当に有難うございました。

**過去と他人は変えることができない。
変えることができるのは、
"今ここ"での自分である。
（エリック・バーン）**

小林雅美（こばやしまさみ）

大阪府出身、慶応義塾大学文学部卒。
元日本航空株式会社国際線スチュワーデス。
心理学を取り入れた企業研修の COSMOS コミュニケーション代表。
元文教大学非常勤講師。
NPO 法人日本交流分析協会教授。
国際交流分析協会会員、日本交流分析学会会員。
厚生労働省認定シニア産業カウンセラー。
サクセスコーチング　ファシリテーター。
ゲシュタルト療法　ファシリテーター。
子育て支援士。
日本教育カウンセラー協会認定教育カウンセラー。
本書の元となる初版を 2000 年に扶桑社より出版。大企業トップから
全社必読との賞賛をうける。
現在、〝ふわふわさん®〟草の根運動を主催。
Email：ta.fuwafuwasan@gmail.com
HP　：http://ta-fuwafuwasan.com

Claude Steiner（クロード・スタイナー）

1935 年パリに生まれる。サンフランシスコ在住。2017 年死去。
1952 年、大学進学のためにアメリカに渡る。物理学の准学士号を取得
するが、心理学を志し、カリフォルニア大学バークレイ校で心理学の
学士号、児童発達学の修士号を取得、ミシガン大学で臨床心理学の博
士号を取得。交流分析の提唱者エリック・バーンとともに理論の整備
と実践にあたる。

奥村かよこ（おくむらかよこ）

福岡県出身、桑沢デザイン研究所卒。
日本児童出版美術家連盟加盟会員。
絵本、各種本のさし絵、教科書、カレンダー等、多くの出版物にてイ
ラストレーター、童画家として活動。

ふわふわさん®とチクチクさん
（『心のエコロジー』改訂版）

本書のコピー、スキャニング、デジタル化等の無断複製は著作権法上での例外を除き禁じられています。本書を代行業者等の第三者に依頼してスキャニングやデジタル化することはたとえ個人や家庭内の利用でも著作権法上認められていません。

乱丁・落丁はお取り替えします。

2024年4月29日初版第1刷発行
著　者　クロード・スタイナー（物語）
訳・解説　小林雅美
発行者　百瀬精一
発行所　鳥影社 (choeisha.com)
〒160-0023 東京都新宿区西新宿3-5-12トーカン新宿7F
電話 03-5948-6470, FAX 0120-586-6471
〒392-0012 長野県諏訪市四賀229-1(本社・編集室)
電話 0266-53-2903, FAX 0266-58-6771
印刷・製本　フォーゲル印刷
©Masami Kobayashi 2024 printed in Japan
ISBN978-4-86782-073-5 C0011